BEI GRIN MACHT SICH IHR WISSEN BEZAHLT

Bibliografische Information der Deutschen Nationalbibliothek:

Die Deutsche Bibliothek verzeichnet diese Publikation in der Deutschen National-bibliografie; detaillierte bibliografische Daten sind im Internet über http://dnb.d-nb.de/ abrufbar.

Impressum:

Copyright © 2009 GRIN Verlag, Open Publishing GmbH
Druck und Bindung: Books on Demand GmbH, Norderstedt Germany
ISBN: 9783640565368

Dieses Buch bei GRIN:

http://www.grin.com/de/e-book/145534/arbeitszeitmanagement-entgrenzung-von-arbeit-und-leben

Alice von Berg

Arbeitszeitmanagement - Entgrenzung von Arbeit und Leben

GRIN Verlag

GRIN - Your knowledge has value

Der GRIN Verlag publiziert seit 1998 wissenschaftliche Arbeiten von Studenten, Hochschullehrern und anderen Akademikern als eBook und gedrucktes Buch. Die Verlagswebsite www.grin.com ist die ideale Plattform zur Veröffentlichung von Hausarbeiten, Abschlussarbeiten, wissenschaftlichen Aufsätzen, Dissertationen und Fachbüchern.

Besuchen Sie uns im Internet:

http://www.grin.com/

http://www.facebook.com/grincom

http://www.twitter.com/grin_com

Inhaltsverzeichnis

1. Einleitung

In einem Interview der ZEIT aus dem Jahre 2006 antwortete Jürgen Klinsmann auf die Frage, ob er noch deutscher Nationaltrainer wäre, wenn es denkbar gewesen wäre, sein Familienleben und seine Tätigkeit als Trainer unter einen Hut zu bekommen, mit: „Natürlich, dann hätte ich sofort weitergemacht [...]."[1]

Jürgen Klinsmann, der zur WM 2006 die deutsche Nationalelf auf den dritten Platz führte, wurde in diesem Jahr zum Liebling der Nation. Umso größer war die Enttäuschung aller als er bekannt gab, dass er zurück zu seiner Familie in die USA geht. Die Aussage Klinsmanns am Anfang meiner Seminararbeit soll verdeutlichen, dass es heutzutage immer wichtiger wird, erfolgreiche Berufstätige in ihrem Bestreben, Karriere und (Familien-)Leben in Einklang zu bringen, zu unterstützen und entsprechende Maßnahmen zu ergreifen, um dies zu gewährleisten. Ein deutlicher Trend in der Gesellschaft lässt erkennen, dass nicht mehr nur Frauen darum bemüht sind eine Balance zwischen den Bereichen Arbeit und Leben herzustellen, sondern dass es sich um eine geschlechterunspezifische Entwicklung handelt.

Als Einstieg in die Themenbereiche der Work-Life-Balance (WLB) und der zeitlichen Entgrenzung in Verbindung mit Arbeitszeitpolitik gibt diese Arbeit einen Überblick über Entwicklungstrends und Deregulierungen in drei Kernbereichen: Soziokulturelle Rahmenbedingungen, Wertewandel mit Schwerpunkt auf der Kategorie Gender und Strukturwandel der Arbeitswelt. Diese Bereiche sind allerdings nicht immer eindeutig voneinander abzugrenzen, da die Übergänge zum Teil fließend sind. Entscheidend hierbei ist aus diesem scheinbaren „Fass ohne Boden" die wichtigsten Thesen und Befunde herauszuarbeiten, sie kritisch zu durchleuchten und stets den Zusammenhang zum arbeitsorganisatorischen Oberbegriff herzustellen.

Im Folgenden beschäftige ich mich mit der Frage, wie mit der zeitlichen Entgrenzung und den damit erwachsenen Herausforderungen umgegangen wird und aus Sicht der Individuen sowie wie im Bereich der Organisation von Arbeit darauf reagiert wird. Stellen WLB-Maßnahmen ein entsprechendes Mittel dar, um resultierende Chancen sinnvoll zu nutzen und Risiken hingegen zu minimieren? Ergeben sich aus Sicht der Unternehmen durch eine erfolgreiche Implementierung eines WLB-Konzeptes messbare positive Effekte, die entsprechende Maßnahmen auch aus ökonomischer Sicht attraktiv werden lassen? Am Ende der Seminararbeit folgt

---

[1] Vgl. o.V. (2006a), S. 5, URL siehe Literaturverzeichnis.

eine Zusammenfassung von Chancen und Risiken und eine Schlussbetrachtung der Thematik.

2. Entgrenzung- Arbeit, Leben und Werte im Wandel

Seit den achtziger Jahren erlebt die Bundesrepublik Deutschland einen Zerfall von Normalitätsmustern der abhängigen Erwerbsarbeit. Allgemeiner ausgedrückt: Deutschland „entgrenzt" sich. Entgrenzung drückt sich in einer zunehmenden Verschiedenartigkeit von Beschäftigungsformen und einer Entstandardisierung der Erwerbsbiografien aus. Die Auflösung von Strukturen in der Arbeitswelt wird als „Erosion des Normalarbeitsverhältnisses" bezeichnet.[2] Nachfolgend werden drei revolutionäre Tendenzen aus den Bereichen Lebenskultur, gesellschaftliche Werte und Arbeitswelt als mögliche Ursachen untersucht und herausgestellt wie sich dieser Wandel in den arbeitsorganisatorischen Zusammenhang bringen lässt.

Spätestens seit Mitte der neunziger Jahre wird der Erosionsprozess auch im soziologischen Kontext vielseitig diskutiert. Unter dem Stichwort „Entgrenzung" werden in der deutschen Soziologie die Ursprünge der möglichen Degeneration und die Folgen der Grenzauflösung thematisiert. Im Zuge der Globalisierung und der damit verbundenen Internationalisierung des Handels aber auch der Politik (im Rahmen der Europäischen Union) verloren (und verlieren nach wie vor) nationalstaatliche Grenzen an Bedeutung. Die Verkleinerung nationaler Handlungsspielräume geht zwangsläufig einher. Mit der Erkenntnis über allgemeine Erosionsprozesse lassen sich folgenschwerere Erscheinungen erklären. „Entgrenzung" kristallisiert sich als Kennwort heraus, mit dem bedeutende „ [...] Wandlungstendenzen westlicher Gesellschaften für vielfältige soziale Erscheinungen und in [...] unterschiedlichen Teilgebieten der Sozialwissenschaften angesprochen werden können."[3]

Themen wie Dezentralisierung, Modernisierung der Gesellschaft und deren Werte, Deregulierung der Erwerbsarbeit, Auflösung und Ausfransung von normalisierten Grenzen und Prozesse des sozialen Wandels sind derzeit in „Mode" und Auslöser für die erwähnte Entgrenzungsdebatte. Was genau unter diesem Themengebiet zu verstehen ist und welche Aspekte sich darunter subsumieren lassen, soll nun im Folgenden betrachtet werden. Im Vordergrund steht hierbei die zeitliche Entgrenzung

[2] Vgl. Dombois (1999), S. 13.
[3] Gottschall/ Voß (2005), S. 11.

von Arbeit und Leben, basierend auf fundamentalen Entwicklungstrends. „Veränderungen des Verhältnisses zwischen den Lebensbereichen entstehen [...] durch veränderte Prioritäten und Gewichtungen der einzelnen Personen."[4] Wesentliche Folge daraus ist der Wunsch nach der Flexibilisierung von Arbeitszeiten und der damit einhergehende Prozess des Aufhebens bisher existierender Zeitgrenzen zwischen Arbeit und Leben.

2.1 Die Revolution der Lebenszeit

Ein demografischer Wandel hat laut Statistischem Bundesamt längst begonnen und stellt zugleich den wohl signifikantesten Umbruch der Lebenszeit dar. Die Zunahme der Lebenserwartung der Bevölkerung ergibt völlig neue Strukturen für die Lebenszeit der Menschen. Zudem reicht seit über 30 Jahren die Anzahl der neugeborenen Kinder nicht mehr aus um die Elterngeneration zu ersetzen.[5] Entsprechend einer Bevölkerungsvorausberechnung wird im Jahre 2050 nur noch die Hälfte der Allgemeinheit im erwerbsfähigen Alter sein.[6] Der Anspruch der Produktivität an die Erwerbsbevölkerung wird zunehmend größer. Es ändern sich auch die Wünsche und Erwartungen der Erwerbstätigen an die Zeit unter diesen Voraussetzungen. „Eltern-Kind-Beziehungen dauern heute ein Leben lang und stellen neben den Generationenbeziehungen ein Kernelement der sozialen Bindungen von Individuen dar."[7] Folglich verändern sich auch die Lebensentwürfe der Menschen, die zunehmend fokussiert auf die Qualität der Zeitverwendung sind. Man kann in dem Kontext der Zeitknappheit von einer zunehmenden Ablösung materieller Werte sprechen. Dementsprechend wird der familieninternen Zeit, der Freizeit und der Zeit der Beziehungen zwischen den Generationen ein größerer Stellenwert beigemessen. Dass die Beschäftigten eine höhere Zeitsouveränität einfordern, ist somit unausweichlich. Parallel dazu müssen auch Unternehmen an ihrer Zeitsouveränität arbeiten - denn souverän ist, wer einer besonderen Lage oder einer Aufgabe jederzeit gewachsen oder überlegen ist. In der abhängigen Beschäftigung der betrieblichen Alltagspraxis kann diese zwar nur eingeschränkt existieren, dennoch sollte man bestenfalls darunter verstehen, die Zeit „[...]uneingeschränkt von Vorgaben anderer Personen und Institutionen

---

[4] Hildebrandt (2005), S. 3.
[5] Vgl. o.V. (2007), S. 6.
[6] Vgl. o.V. (2006b), S. 5.
[7] Bertram (1997), S. 10.

gestalten zu können."[8] Hier setzt die Arbeitsorganisation mit ihren flexiblen Arbeits-modellen an. Doch nicht nur von Seiten der Arbeitnehmer stellt der demografische Strukturwandel Handlungsbedarf dar, sondern auch von Seiten der Unternehmen. Tendenziell herrscht in Deutschland schon jetzt ein Fachkräftemangel und die Prog-nosen versprechen keine Besserung. Im Jahre 2050 werden über 30% der Bevölke-rung 65 Jahre oder älter sein und rund 15% unter 20 Jahren.[9]

2.2 Soziokulturelle Revolution

Neue Rahmenbedingungen und Gestaltungsforderungen bezüglich der Organi-sation von Arbeit ergeben sich aber nicht nur aus der Veränderung der demografi-schen Strukturen. Hinzu kommen individuelle Bedürfnisse und Ansprüche, die Ar-beitnehmer an die Erwerbsarbeit herantragen. Dies wird ausgelöst durch eine zu-nehmende Subjektivierung und Erosion traditioneller Werte. Das Vertrauen in den wohlfahrtsstaatlichen Schutz sinkt und Maxime wie Selbstvorsorge, Eigenverantwor-tung und Vermarktlichung der eigenen Arbeitskraft treten in den Vordergrund. [10]

Das starre Haushaltsregime bröckelt und die klassische Rollenverteilung hat sich bereits nachhaltig verändert. Endtraditionalisierungsprozesse werfen vermehrt Probleme der Vereinbarkeit von Beruf und Privatleben auf. Das althergebrachte Bild des Ehemannes, der arbeiten geht, um die Familie zu ernähren und der Ehefrau und Mutter, die sich ausschließlich um Haushalt und Kinder kümmert oder bestenfalls einen Zuverdienst beisteuert, verflüssigt sich.[11]

An dessen Stelle treten diverse Formen von Lebensentwürfen. Immer mehr Eheleute bekommen keine Kinder, zugleich wachsen vermehrt Kinder in so genann-ten Patchwork-Familien auf oder in nichtehelichen Lebensgemeinschaften. Allein erziehende Mütter und Väter sind längst keine Seltenheit mehr. Die Zahl der Allein-erziehenden im Jahr 2006 ist im Vergleich zum Jahr 1996 um 24% gestiegen. Insge-samt gab es im Jahr 2006 2,7 Millionen Alleinerziehende von denen 61% minderjäh-rige Kinder hatten.[12] Gerade dieser Teil der Erwerbstätigen stellt besonders hohe Ansprüche an die zeitliche Flexibilität ihrer Arbeit, da sie allein verantwortlich für die Erziehung eines Kindes sind und sie auf keine Entlastung durch einen Partner zu-

[8] Seifert (2005), S. 58.
[9] Vgl. o.V. (2006b), S. 5.
[10] Vgl. Holtrup (2008), S. 10.
[11] Vgl. Holtrup (2008), S. 11.
[12] Vgl. Rübenach/ Weinmann (2008), S. 130f., URL siehe Literaturverzeichnis.

rückgreifen können. Aber auch der Wunsch nach einer Balance zwischen der Arbeitswelt und dem Privatleben wird anhand dieser Lebensbiografie deutlich. Alleinerziehende sind in höherem Maße zur Absicherung ihrer finanziellen Existenz von ihrer Erwerbsarbeit abhängig. Zudem besteht ein starkes Bedürfnis zur qualitativen Freizeitverwendung, um kostbare Zeit mit dem Kind zu verbringen oder um Erholung von der Doppelbelastung zu finden. Dem entgegen steht der Lebensentwurf des „Doppelkarrierepaares" als ein Ergebnis moderner Geschlechterverhältnisse. Es stellt Arbeitgeber und Arbeitnehmer gleichermaßen vor neue Herausforderungen. Doppelkarrierepaare sind ein „[...] partnerschaftliches Arrangement, in dem die Entgrenzung von Beruf und Familie in einem hohem Maße realisiert ist [...]."[13] Beide Ehepartner gehen hierbei einer regelmäßigen Erwerbsarbeit nach. Kennzeichnend für diese Konstellation ist, dass die Ausübung des Berufs für beide Partner nicht nur der finanziellen Absicherung dient, sondern von beiden Seiten überwiegend als wesentliche Quelle individueller Erfüllung gesehen wird.[14]

Zum einen ist der Pluralismus an Lebensformen aus arbeitssoziologischer Sicht ursächlich für eine unumgängliche Neugestaltung der Erwerbsarbeit. Zum anderen ist diese Heterogenität eine Konsequenz aus dem Wandel der Geschlechterverhältnisse und der zunehmenden Individualisierung der Menschen. Angesichts des Auseinandertretens der Mutter- und Frauenrolle bilden sich vermehrt moderne und modifizierte Lebensbiografien heraus. Doch wie bereits einleitend erwähnt, betrifft das Bedürfnis nach einer ausgeglichenen Arbeits-Lebens-Balance nicht mehr nur Frauen, sondern seit der Entdeckung des „Neuen Mannes" beide Geschlechter gleichermaßen.[15] Zwar stecken die Veränderungstendenzen in den Einstellungen der Männer zu Beruf und Familie noch in den Kinderschuhen und die Geschlechterforschung tut sich schwer damit, signifikante Ergebnisse zu präsentieren, die einen endgültigen, weitgreifenden Wandel der männlichen Identität belegen. Dennoch lassen sich Befunde nennen, die einen Bewusstseinswandel des Mannes aufzeigen. Laut einer Studie aus dem Jahre 1998 mit dem Titel „Männer im Aufbruch" sehen Männer ihre Familie mittlerweile als den wichtigsten Lebensbereich an. Ihre Erwerbsarbeit folgt auf dem zweiten Platz. Trotz zunehmender Partnerschaftlichkeit und Rücksicht, halten Männer speziell im Bereich der Hausarbeit immer noch verstärkt an der traditio-

---

[13] Behnke/ Meuser (2005), S. 285.
[14] Vgl. Behnke/ Meuser (2005), S. 286.
[15] Vgl. Döge (2006), S. 9.

nellen Rollenverteilung fest.[16] Dies ist ein Indiz dafür, dass der Wandel dominierender Männlichkeitsmuster noch nicht in allen Bereichen angelangt ist und Frauen folglich immer noch den Großteil ihrer Freizeit nicht qualitativ nutzen können, sondern damit beschäftigt sind, ihre rollenspezifischen „Pflichten" zu erfüllen. Gleichwohl wird eine Veränderung in den Einstellungen der Männer durch familienpolitische Neuerungen, wie beispielsweise der Einführung des Elterngeldes, aber generell durch die öffentliche Diskussion gefördert.

Aufgrund der zunehmenden Auflösung der inneren Strukturiertheit der Menschen und der Erkenntnis der damit verbundenen sozialen und ökonomischen Gestaltungschancen, kommen auch Organisationen und Unternehmen in Zugzwang und müssen ihre Unternehmensstrukturen modifizieren.

2.3 Strukturwandel der Arbeit

Als eigentlichen Ursprung der Entgrenzungsdiskussion sah man aus arbeits- und industriesoziologischer Sicht anfangs nur den Bereich der Arbeit und des Betriebs. Dies ist nicht verwunderlich, denn augenscheinlich gibt es dort die offenkundigsten und beständigsten Veränderungen, die sich beispielsweise unter die Stichwörter Dezentralisierung und Globalisierung unterordnen lassen. Mit der Erkenntnis, dass sich Erklärungsversuche einer begonnenen Entgrenzung nicht auf ein Themengebiet beschränken lassen, weitete sich der Fokus der Debatte sukzessiv aus. Somit wurden die bereits in den vorherigen Abschnitten erläuterten Bereiche teils als Folge, teils als parallel gestarteter Ursprung mit in die soziologische Diskussion einbezogen.[17]

Jeder Veränderungsprozess startet gleichwohl mit einem geschichtlichen Hintergrund, der sich im Bereich der Arbeitswelt am deutlichsten heraus arbeiten lässt. Merkmale, wie fremdorganisierte Arbeit, feste Arbeitszeiten und die strikte Trennung von Erwerbsarbeit und Privatleben, die bislang das „Normalarbeitsverhältnis" kennzeichneten, sind auf die historische Form des Fordismus zurückzuführen. Massenproduktion, Spezialisierung, Ausdifferenzierung der Arbeitsabläufe und Standardisierung der Arbeitszeiten sind charakteristisch für den historischen Abschnitt des Fordismus. Primäre Ziele jener Zeit waren Kostensenkung, Effektivitätssteigerung und Gewinnmaximierung. Diese führten zu einem wirtschaftlichen Aufschwung in der for-

---

[16] Vgl. Döge (2006), S. 12f.
[17] Vgl. Frey u.a. (o.J.), S. 5, URL siehe Literaturverzeichnis.

distischen Epoche. Die Kehrseite der Medaille waren allerdings Begleiterscheinungen wie eine hohe Fluktuation der Arbeiter aufgrund von Unzufriedenheit mit ihren Arbeitsbedingungen. Ihre Arbeitskraft diente vorwiegend der Erfüllung fremdbestimmter Anforderungen. Aufkommende Frustration durch unbedeutende Gestaltungsspielräume der Arbeitsausführung, feste Gebundenheit an einen Fließbandplatz und das vorgegebene Tempo, konnten durch monetäre Anreize nicht reguliert werden.[18]

An den zentralen Veränderungstendenzen des Fordismus zum Postfordismus in Bezug auf die Subjektivierung des Arbeitnehmers setzen auch Voß und Pongratz mit ihrer These des „Arbeitskraftunternehmers" an. Sie sind der Ansicht, dass der bislang dominierende Typus des „verberuflichten Arbeitnehmers" in zahlreichen Arbeitsbereichen abgelöst wird durch eine neuartige Form des „Arbeitkraftunternehmers."[19]

Ausgehend von verschiedenen Bezugspunkten analysieren Pongratz und Voß die Modifikationen in der Arbeitswelt und vergleichen sie mit dem damaligen Zustand im Fordismus. Analytische Dimensionen sind hierbei beispielsweise die Differenzen in der Qualität der Arbeitskraft, der Identität mit der Arbeit und dem Verhältnis von Arbeit und Leben. So hatte der „verberuflichte Arbeitnehmer" in Bezug auf die Zeitperspektive einen relativ festen Lebenslauf mit soliden Karriereschritten und es bestand nur ein stark begrenzter Berufs- und Betriebswechsel. Demzufolge kam auch der regionalen Flexibilität nur eine untergeordnete Rolle zu. Unterdessen muss der „Arbeitskraftunternehmer" die Fähigkeit zur konstanten, fleißigen Vermarktung und Bereitstellung seiner Arbeitskraft haben. Vertrauensbeziehungen zu den Arbeitgebern bestehen nur noch vereinzelt längerfristig.[20]

Der direkte Vergleich deckt den strukturellen Wandel der Arbeitskraft am deutlichsten auf. Mit der Verbreitung des Typus „Arbeitskraftunternehmer" werden zweifelsohne neue arbeitspolitische Strategien und Managementkonzepte erforderlich. Inzwischen ist Pongratz' und Voß' These zehn Jahre alt und Veränderungen und Entgrenzungsprozesse der Unternehmensorganisation längst ersichtlich. So werden einerseits Freiheiten in der Ausführung der Arbeit eingeräumt, die für den Arbeiter einen erheblichen Gewinn an Autonomie bedeuten, andererseits wird indes der Leis-

---

[18] Vgl. Kratzer/ Sauer (2005), S. 94f.
[19] Vgl. Voß/ Pongratz (1998), S. 131.
[20] Vgl. Voß/ Pongratz (1998), S. 150.

tungsdruck stark erhöht.[21] „Als ‚Unternehmer-ihrer-selbst' können für die in flexibili-
sierten Arbeitsformen Arbeitenden neue Handlungschancen und Gestaltungsspielräume entstehen, die sich für individualisierte Berufstätigkeit und Lebensführung nutzen lassen [...]."[22] Jedoch muss man Voß' und Pongratz' These auch kritisch betrachten. Erstens lässt sich die Theorie des Arbeitkraftunternehmers nicht auf alle
Berufsfelder anwenden. So wird ein einfacher Arbeiter Schwierigkeiten damit haben,
sich in dem Bild des „Arbeitkraftunternehmers" wieder zu finden. Zweitens birgt die
Vermarktlichung der Arbeitskraft die große Gefahr der möglichen Selbstausbeutung
der Beschäftigten.

Hintergrund für die Abwendung von tayloristisch- fordistischen Strategien der
Arbeitskraftnutzung ist der verschärfte Wettbewerb, der auf die Unternehmen einwirkt
und der rasante technische Fortschritt. Die Möglichkeiten dieser Strategien in Bezug
auf Produktivitätssteigerungen, durchgreifendem Kostenabbau und effektiver Leis-
tungssteigerung der Mitarbeiter schienen ausgeschöpft; nicht zuletzt durch die Aus-
dehnung der Organisationen auf ausländische Märkte und die Reorganisation von
Wertschöpfungsketten. Diese konkurrenzbedingten Anpassungen waren nicht mehr
vereinbar mit der starren Organisation der Arbeit im Fordismus.[23]

3. Die Balance zwischen Arbeit und Leben

Stellt man einen Zusammenhang zwischen den Entwicklungen der Arbeitskultur
und den Veränderungen der Lebensweisen her, so wird schnell ersichtlich, dass sich
Unternehmen mit einer bestehenden Dissonanz zwischen dem Berufssystem und
den heutigen Familien- und Haushaltsstrukturen auseinandersetzen müssen. Demzufolge lastet hoher Handlungsdruck auf den Unternehmen und Organisationen. Sie
müssen diesen Unstimmigkeiten mit entsprechenden Entscheidungen, Konzepten
und Restrukturierungen entgegentreten.

Mit dem grundlegenden Wandel, in ökonomischen und gesellschaftlichen Strukturen gleichermaßen, steigen zudem die beruflichen Anforderungen. Dies ist bedingt
durch den Fachkräftemangel in Deutschland und der Entwicklung von einer Indust-
riegesellschaft zu einer Wissensgesellschaft. Durch die „globale Raserei", in der
ständige Innovationsfähigkeit und Produktivitätssteigerungen einhergehen mit le-

---

[21] Vgl. Voß/ Pongratz (1998), S. 134.
[22] Voß/ Pongratz (1998), S. 133.
[23] Vgl. Kratzer/ Sauer (2005), S. 103.

benslanger Lernbereitschaft, Einsatzbereitschaft und massiver Leistungsorientierung der Mitarbeiter, wird der beschriebene Trend noch verstärkt. Allerdings sehen sich Unternehmen heutzutage einem starken Kostendruck ausgesetzt und können sich nur so entscheidend von ihren Wettbewerbern abgrenzen.[24]

Diese Reorganisation betrieblicher Anforderungen bleibt für die Mitarbeiter und die persönlichen Ansprüche, die an sie gestellt werden, nicht ohne Folgen. Studien belegen, dass heutzutage jeder zehnte Fehltag auf die Ursache von Stress zurückgeführt werden kann.[25] An diesem Punkt setzt das WLB-Konzept mit seinen Überlegungen und Maßnahmen an. Es ist als eine Art „[...] intelligente Verzahnung von Arbeits- und Privatleben[...]"[26] zu verstehen vor dem Hintergrund eine Win-Win-Situation für Unternehmen und Beschäftigte gleichermaßen zu erzielen. Vorteile durch die bessere Balance zwischen Berufs- und Privatleben sollen sowohl auf individueller Seite als auch auf organisationaler Seite resultieren. Wie genau die Implementierung des Konzepts in Unternehmen aussehen kann wird an späterer Stelle geklärt. Vorerst ist es wichtig, die Gründe und Ursprünge zu analysieren. Zum einen sieht man in der hervorgerufenen Auflösung starrer Arbeitszeiten die Möglichkeit einer neuen Balance von Arbeit und Leben. Andererseits befürchtet man einen Verlust der wertvollen Zeit für Familie und Gemeinschaft, wenn die Erwerbsarbeit überhand gewinnt und sich in verstärkter Dominanz über den privaten Lebensbereich stellt.[27] Daraus ergibt sich ein Anstieg psychischer Belastungen der Mitarbeiter die sich im Umkehrschluss negativ auf die Produktivität eines Unternehmens auswirken. Folglich sind erfolgreiche betriebliche WLB-Maßnahmen ein gutes Instrument diesem resultierenden Negativeffekt entgegenzuwirken.

3.1 Work-Life-Balance in der betriebswirtschaftlichen Praxis

Es ist generell denkbar und sinnvoll WLB-Konzepte aus zwei Perspektiven zu betrachten. Zum einen aus subjektiver Sicht und zum anderen aus organisationaler Sicht. Es folgt eine kurze Skizzierung beider Sichtweisen. Wichtig ist hierbei jedoch, zu betonen, dass beide Ansätze nicht losgelöst voneinander stehen, sondern gewünschte Effekte nur in Kombination beider Ansätze erzielt werden können.[28]

---

[24] Vgl. Bessing (2008), S. 418; Geißler (2000), S. 151.
[25] Vgl. Bessing (2008), S. 418.
[26] BMfFSFJ (2006), S. 4.
[27] Vgl. Oechsle/ Mischau (2005), S. 7.
[28] Vgl. Bessing (2008), S. 419.

Beim individuellen Ansatz stehen die Bedürfnisbereiche einzelner Personen im Vordergrund. Diese Bereiche gilt es in Balance zu bringen. Davon hängt ab, ob die an die Individuen gestellten Herausforderungen als belastend oder bereichernd empfunden werden. Entsprechende Bedürfnisbereiche sind: Erfüllung von Leistungszielen, Gesundheit, Zeit für soziale Kontakte, Beziehungen und Familie sowie der Sinngehalt unseres Lebens. Wie die Bezeichnung dieses Ansatzes bereits erkennen lässt, handelt es sich hierbei um individuelle Bedürfnisse und Präferenzen, für die es kein auf alle Menschen generalisierbares „Standardrezept" gibt. Idealtypische Lösungen einer optimalen WLB variieren je nach Wünschen, Lebensformen und Ansprüchen der Menschen.

Die individuelle Work-Life-Balance wird jedoch von Seiten der Unternehmen als eine ausschließlich private Angelegenheit betrachtet.

Demzufolge existiert neben dem individuellen Ansatz der organisationale Ansatz. Die Aufgabe für ein zukunftsorientiertes Personalmanagement muss demnach sein, private und berufliche Präferenzen der Mitarbeiter gleichermaßen zu berücksichtigen um als Resultat einen Anstieg der Produktivität, Flexibilität und Zufriedenheit ihrer Mitarbeiter zu erhalten. Eine langfristige Folge wird daneben die zunehmende Loyalität und Verantwortungsbereitschaft der Beschäftigten, auch in Belastungssituationen, sein. Dem organisationalen Ansatz entsprechend ist das Ziel bei der Implementierung eines WLB-Konzeptes die bestehende Konkurrenz zwischen den Bereichen Arbeit und Privatleben zu beseitigen.[29] Das subjektive Wohlbefinden eines Individuums steht hierbei im Fokus und ist neben der Maximierung der Lebensqualität das Kriterium einer erfolgreichen Work-Life-Balance. Wie bereits beim individuellen Ansatz gibt es auch aus organisationaler Sicht kein mustergültiges Vorgehen, das für alle Unternehmen gleichermaßen gilt. Vielmehr gibt es ein breites Spektrum an Möglichkeiten, Maßnahmen und Instrumenten auf die Unternehmen zurückgreifen können, um individuelle Problemlösungen zu finden. Eine Skizzierung ausgewählter Möglichkeiten folgt im Anschluss, ebenso wie eine kritische Auseinandersetzung mit möglichen betriebswirtschaftlichen Effekten.

Die WLB Handlungsfelder lassen sich prinzipiell in drei Schwerpunkten zusammenfassen. Es gibt zuerst Maßnahmen, die eine durchdachte Verteilung der Arbeitszeit im Lebensverlauf ermöglichen, wie beispielsweise Sabbaticals und Teilzeitarbeit.

---

[29] Vgl. Bessing (2008), S. 420f.

Sabbaticals bieten die Möglichkeit, außerhalb tariflicher Urlaubszeit längere Arbeits-
pausen einzulegen, um somit Bedürfnisse individueller Lebensentwürfe zu befriedi-
gen.[30]

Als zweiten Schwerpunkt aus diesem Pool an Konzepten, gibt es Maßnahmen
zur örtlichen und zeitlichen Flexibilisierung der Leistungserbringung. Darunter fallen
z.b. die Einführung von Gleitzeitarbeit oder Konzepte wie Teleheimarbeit und Job-
Sharing.[31] Unter Job-Sharing versteht man in der Regel die Halbierung einer Arbeits-
stelle. Hierbei gibt es wiederum mehrere Möglichkeiten, die Zeit unter den betreffen-
den Beschäftigten aufzuteilen. So können die Wochentage in Vormittags- und
Nachmittagsschichten aufgeteilt werden oder ein wochenweiser Wechsel stellt sich
als optimale Teilung heraus. Vorraussetzung für dieses Konzept ist eine mögliche
funktionale Aufteilung des Arbeitsplatzes. Ferner erfordert das Job-Sharing ein aus-
geprägtes Maß an kooperativen Fähigkeiten.[32]

Den dritten und ebenso wichtigen Schwerpunkt bilden Maßnahmen, die ihre
Zielsetzung primär auf die Mitarbeiterbindung richten.[33] Diese haben einen besonderen Stellenwert, da sie zum Verständnis, ein individuell abgestimmtes WLB-Konzept
in einem Unternehmen als ganzheitliches Führungskonzept zu verstehen, beitragen.
Darunter fallen u.a. Sensibilisierungsstrategien für Führungskräfte, Mentoring Programme, Stressmanagement oder betriebliche Kinderkrippen. Die Bedeutsamkeit der
Förderung des Einfühlungsvermögens von Führungskräften für die WLB Thematik
sollte in diesem Zusammenhang betont werden. Nur so kann gewährleistet werden,
dass theoretisch durchdachte Maßnahmen auch entsprechend in der betrieblichen
Praxis umgesetzt werden. Verfügen Führungskräfte über keine Kompetenz in dieser
Materie, können sie auch kein Verständnis für den Wunsch der Mitarbeiter nach einer Vereinbarkeit von Arbeit und Leben aufbringen. Die Erfolgsaussichten der ergrif-
fenen Konzepte und Maßnahmen wären demzufolge eingeschränkt. Ein Missver-
ständnis könnte sich sogar in zunehmender Anspannung und stärkerer Unausgegli-
chenheit der Erwerbstätigen äußern.

Somit ist generell ein gewisser Handlungsrahmen für ein WLB-Konzept abge-
steckt. Aus diversen Möglichkeiten können sich Unternehmen nun ihren individuellen

---

[30] Vgl. BMfFSFJ (2006), S. 15.
[31] Vgl. BMfFSFJ (2006), S. 16.
[32] Vgl. Rost (2004), S. 29ff.
[33] Vgl. BMfFSFJ (2006), S. 17.

Handlungs- Mix zusammenstellen oder gar eigene innovative Konzepte in diesem
Kontext entwickeln.

3.2 Ökonomische Effekte

Eine Analyse von Literatur und Praxis zeigt zahlreiche Erkenntnisse über positive Wirkungen familienfreundlicher Maßnahmen in Unternehmen auf. Quantitativ
messbare Effekte rückten allerdings erst relativ spät in den Fokus unternehmerischer
Interessen. Doch in Zeiten konstanten Kostendrucks und einem parallelen Überan-
gebot an Arbeitskräften, wird die Wirtschaftlichkeit von WLB-Programmen zunehmend infrage gestellt.[34]

Mittels arbeitspsychologischer Modelle kann belegt werden, dass Qualität und
Quantität von Erholung eine elementare Rolle im „Belastungs-Beanspruchungs-
Prozess" spielen.[35] So resultiert aus dem „Dilemma" eines Berufstätigen, dass zu-
sätzlich zu der Erwerbsarbeit noch die Hausarbeit zu erledigen ist, ein erhöhtes Er-
holungsbedürfnis. Wird dieses längerfristig nicht erfüllt, kann sich ein chronischer
Erschöpfungszustand einstellen. Aus solchen Erschöpfungszuständen und psychi-
schen Belastungen ergeben sich Kosten für Unternehmen beispielsweise aufgrund
erhöhter Fehlzeiten und Krankenstand. Übersteigen nun die Kosten für WLB-
Maßnahmen nicht die Kosten, die sich durch negative Effekte der Erschöpfung oder
Unflexibilität der Beschäftigten ergeben, so können durchaus, mit Hilfe von Pro-
grammen zur Förderung der Vereinbarkeit von Beruf und Privatleben, ökonomische
Erfolge erzielen.

Eine Studie der Prognos AG, im Auftrag des Bundesministeriums für Familie,
Senioren, Frauen und Jugend, zeigt, dass sich im Ergebnis bei einer Gegenüberstel-
lung von monetären Kosten und monetärem Nutzen sehr wohl Einsparungspotenzia-
le ergeben. Als Grundlage dieser Studie dienten Controllingdaten aus zehn mittel-
großen deutschen Unternehmen. Im Einzelnen ergeben sich Kostensenkungspoten-
ziale z.B. aus Wiederbeschaffungs- und Fluktuationskosten, Überbrückungskosten
und Kosten für Fehlzeiten. Aus der realitätsnahen Datengrundlage wurde eine Mo-
dellrechnung für ein fiktives Unternehmen erstellt. Hiermit wurde im Vergleich zu einem Aufwand in Höhe von 300.000€ für familienfreundliche Maßnahmen eine reali-

---

[34] Vgl. BMfFSFJ (2003), S. 10.
[35] Vgl. Wiese (2007), S. 248.

sierte Kosteneinsparung von 375.000€ errechnet.[36] Die Datengrundlage bezieht sich hierbei auf mittegroße Unternehmen. Ein Großteil kleinerer Unternehmen kann jedoch die Mittel für Programme dieser Art nicht aufbringen, auch wenn sie durchaus an der Thematik interessiert sind. Des Weiteren ist eine Erzielung positiver Effekte nur möglich, wenn sichtbare, konstante und gut durchdachte Veränderungen der Organisations- und speziell der Führungskultur erfolgen.

4. Chancen und Risiken neuer Konstellationen von Arbeit und Leben

Es gibt in der betrieblichen Praxis bereits seit langem Programme und Maßnahmen, die darauf abzielen, die Gesundheitskompetenz von Erwerbstätigen zu stärken und ihnen Erholungsmöglichkeiten zu bieten. Durch die verstärkte öffentliche Diskussion der zeitlichen Entgrenzung und der steigenden Belastung in der Arbeitswelt, werden Programme solcher Art heute jedoch unter den Oberbegriff ‚Work-Life-Balance' gefasst. So ist es nicht verwunderlich, dass sich diesbezüglich diverse Chancen dieser Idee in entsprechender Literatur finden lassen. Bereits die Thematisierung und Annahme der WLB Thematik kann das Firmenimage verbessern und stellt demzufolge einen möglichen Wettbewerbsfaktor für Unternehmen dar. Zudem reduziert sich die Stressbelastung der Mitarbeiter, Fehlzeiten können gesenkt werden, Fluktuation verringert sich und als Quintessenz steigert sich die Leistungsfähigkeit sowohl auf subjektiver als auch letztendlich auf organisationaler Ebene.[37]

Durch strategische Zusammenarbeit von Politik und Wirtschaft können Auswirkungen von verbesserten Rahmenbedingungen zur Vereinbarkeit von Arbeit und Privatleben sogar auf wesentliche volkswirtschaftliche Kennzahlen und Effekte bezogen werden. WLB-Maßnahmen ermöglichen einem größeren Kreis von Personen eine Erwerbsarbeit anzunehmen. Eine Erweiterung des Erwerbspotenzials kann z.B. mit der betrieblichen Kinderbetreuung auf der einen Seite und den verstärkten Investitionen des Staates in Bildung und Betreuung von Kindern einhergehen. In Folge dessen wird das Hindernis für den Eintritt in das Berufsleben für Erwerbstätige mit kleinen Kindern abgeschwächt. Die familienfreundliche Mentalität kann sich zudem auch auf die demografische Struktur unserer Volkswirtschaft auswirken. Die bessere Kin-

---

[36] Vgl. BMfFSFJ (2003), S. 6-14.
[37] Vgl. BMfFSFJ (2003), S. 11.

derbetreuung und zufriedenere, leistungsfähigere Mitarbeiter könnten die Geburtenrate positiv beeinflussen. Ein weiterer Effekt zeigt sich in den Ausgaben der gesetzlichen Krankenversicherungen. Durch die Abnahme des Absentismus und Abnahme stressbedingte Krankheitstage ergibt sich hierbei Einsparungspotenzial.[38]

Vorraussetzung für die Nutzung des umfangreichen Chancenpotenzials ist allerdings, dass die Führungskräfte die WLB-Strategie annehmen und diese unterstützen. Aus Angst vor möglichen Kontroll- bzw. Effizienzverlust werden Maßnahmen teilweise seitens führender Mitarbeiter eher schlecht angenommen. Dies führt wiederum dazu, dass sich Beschäftigte zurückhalten, entsprechende Programme zu nutzen, aus Angst, sich aufgrund des fehlenden Verständnisses der Vorgesetzen Karrierechancen zu verbauen. Zudem bringen gerade flexible Arbeitszeitmodelle einen erhöhten Koordinationsaufwand mit sich und beinhalten ein erhöhtes Konfliktpotenzial. Ein weiteres Risiko besteht in der Gefahr durch mögliche Selbstausbeutung auf Seiten der Erwerbstätigen. Der Autonomiezuwachs durch eine Einführung flexibler Arbeitszeitmodelle setzt die Beschäftigten gleichzeitig unter Druck. Spitz formuliert zählt für die Unternehmen im Endeffekt nur die erbrachte Leistung. Wie sich die Mitarbeiter ihre Zeit einteilen, bleibt letztendlich ihnen überlassen. Wilfried Gließmann, Betriebsratsvorsitzender IBM Düsseldorf, formuliert dieses Phänomen als Paradoxon „Arbeiten ohne Ende." Die gewonnene Autonomie fördert die Flexibilität und Zeitsouveränität. Arbeitnehmer werden mit unternehmerischen Problemen konfrontiert und sollen selber reagieren und agieren um ein Ergebnis im Sinne des Unternehmens zu erreichen. Bedingt durch diesen Leistungsdruck entscheiden sich viele Arbeitnehmer dazu über Zuständigkeiten und Aufgabenbereiche hinaus weiterzuarbeiten, angespornt von ihrer „neuen" Freiheit. Tritt diese Selbstausbeutung ein, indem Arbeitnehmer Regeln und Schutzmaßnahmen zu ihren Gunsten ignorieren, haben Unternehmen insofern nichts gewonnen, da es auf Seiten der Arbeitnehmer wiederum in übermäßigem Stress endet. Man könnte also das Phänomen „Arbeiten ohne Ende" als Symptom des Strukturwandels in der Arbeitswelt bezeichnen.[39]

---

[38] Vgl. BMfFSFJ (2006), S. 34f.
[39] Vgl. Gließmann (2003), S. 1ff., URL siehe Literaturverzeichnis.

5. Schlussbetrachtung

Das steigende Interesse und die damit verbundene kontroverse Diskussion von privater, wirtschaftlicher und politischer Seite bezüglich der Fragilität von Grenzen und Zeitstrukturen ist letztendlich eine willkommene Entwicklung. Durch unterschiedliche Interessen wird sichergestellt, dass deregulierende Vorgänge in diesem Zusammenhang nicht hauptsächlich eine negative Konnotation bekommen. Obgleich räumliche, zeitliche, technische, fachliche oder rechtliche Grenzen - eine irreversible Verdünnung oder gar Auflösung bisher bestandener Strukturen hat begonnen. Es gibt mehrere Möglichkeiten mit Entgrenzungen umzugehen. Entweder man akzeptiert Grenzverschiebungen, verteidigt die alten Zeitgrenzen oder ist aktiv daran beteiligt neue Grenzen einzurichten.

Die Komplexität dieser Thematik lässt sich begreifen, wenn man bedenkt, dass sich die Ausgangspunkte und die resultierenden Ausmaße der Entwicklungen ebenfalls schlecht begrenzen lassen. Angefangen mit den demografischen und soziokulturellen Veränderungen, flankiert von arbeitssoziologischen Betrachtungen bis hin zu Befunden aus arbeitspsychologischer und arbeitswissenschaftlicher Sicht, zeigt sich folglich ein breites Spektrum an wissenschaftlichen Fachbereichen die durch die beschriebenen Deregulierungsprozesse tangiert werden.

Grundsätzlich ist festzuhalten, dass die verbreitete wohlmeinende Einstellung hinsichtlich der WLB-Strategien erfreulich ist. Die divergierenden Meinungen gegenüber den Bemühungen der Betriebe tragen jedoch dazu bei, die Maßnahmen der Unternehmen nicht nur rosarot zu sehen. Tatsache bleibt, dass sich aus vielversprechenden Chancen auch immer dazugehörige Risiken ergeben, wie sie unter 4. diskutiert wurden. Eine grundlegende Uneigennützigkeit sollte man den Unternehmen nicht unterstellen. Die Auseinandersetzung mit der WLB Thematik wird bisweilen gezielt als Marketing-Instrument eingesetzt um die eigene Attraktivität als Arbeitgeber zu steigern. Es resultiert ein Imagevorteil. Letzten Endes stehen Unternehmen im öffentlichen Fokus und es wird ihnen abverlangt, den Erwartungen ihrer Unternehmensumwelt zu entsprechen.

Im Ergebnis könnte man WLB-Maßnahmen als eine Art Investition in das Humankapital sehen, die eine noch effizientere Nutzung der Qualifikationen der Beschäftigten gewährleistet und ihre Motivation steigert.

6. Literatur

Behnke, Cornelia/ Meuser, Michael (2005): Modernisierte Geschlechterverhältnisse? Entgrenzung von Beruf und Familie bei Doppelkarrierepaaren; in: Gottschall, Karin/ Voß, Günter (Hrsg.): Entgrenzung von Arbeit und Leben- Zum Wandel der Beziehung von Erwerbstätigkeit und Privatsphäre im Alltag, 2. Auflage, München 2005, S. 285-306.

Bertram, Hans (1997): Familien leben: Neue Wege zur flexiblen Gestaltung von Lebenszeit, Arbeitszeit und Familienzeit, Gütersloh 1997.

Bessing, Nina (2008): Work-Life-Balance: Vorteile für Beschäftigte und Organisationen, in: Krell, Gertraude (Hrsg.): Chancengleichheit durch Personalpolitik, 5. Auflage, Wiesbaden 2008, S. 417-425.

BMfFSFJ- Bundesministerium für Familie, Senioren, Frauen und Jugend (Hrsg.) (2006): Work Life Balance. Motor für wirtschaftliches Wachstum und gesellschaftliche Stabilität: Analyse der volkswirtschaftlichen Effekte- Zusammenfassung der Ergebnisse, Berlin 2006.

BMfFSFJ- Bundesministerium für Familie, Senioren, Frauen und Jugend (Hrsg.) (2003): Betriebswirtschaftliche Effekte familienfreundlicher Maßnahmen. Kosten-Nutzen-Analyse, Berlin 2003.

Döge, Peter (2006): Männer- Paschas und Nestflüchter? Zeitverwendung von Männern in der Bundesrepublik Deutschland, Opladen 2006.

Dombois, Rainer (1999): Der schwierige Abschied vom Normalarbeitsverhältnis; in: Bundeszentrale für politische Bildung (Hrsg.): Aus Politik und Zeitgeschichte. Beilage zur Wochenzeitung das Parlament, B37/99, Bonn 1999, S. 13-20.

Frey, Michael/ Hüning, Hasko/ Nickel, Hildegard M. (o.J.): Entgrenzung, Vermarktlichung und Subjektivierung- Formwandel von Arbeit und betriebliche Geschlechterverhältnisse, auf den Seiten der Humboldt Universität Berlin; http://www.gender.hu-berlin.de/w/files/ztgbulletintexte27/1_freynickelhuening_end.pdf, Zugriff am 30.10.2008.

Geißler, Karlheinz A. (2000): Zeitkultur- Am Ende der Beschleunigung, in: Haarbeck, Siegfried (Hrsg.): Deutschland 2010- Szenarien der Arbeitswelt von morgen, Köln 2000, S. 147-163.

Gließmann, Wilfried (2003): Das Paradoxon „Arbeiten ohne Ende" begreifen, auf den Seiten von COGITO Institut für Autonomieforschung; http://www.cogito-inst-tut.de/texte/glissmanndocs/AIB%20April%202003%20-%20Das%20Parado xon%20-Arbeiten%20ohne%20Ende-%20begrei..pdf, Zugriff am 24.11.2008.

Gottschall, Karin/ Voß, Günter (2005): Entgrenzung von Arbeit und Leben- Zur Einleitung; in: Gottschall, Karin/ Voß, Günter (Hrsg.): Entgrenzung von Arbeit und Leben- Zum Wandel der Beziehung von Erwerbstätigkeit und Privatsphäre im Alltag, 2. Auflage, München 2005, S. 11-33.

Holtrup, André (2008): Individualisierung der Arbeitsbeziehungen- Ansprüche von Beschäftigten an Arbeit und Interessenvertretung, München und Mering 2008.

Kratzer, Nick/ Sauer Dieter (2005): Entgrenzung von Arbeit: Konzept, Thesen, Befunde; in: Gottschall, Karin/ Voß, Günter (Hrsg.): Entgrenzung von Arbeit und Leben- Zum Wandel der Beziehung von Erwerbstätigkeit und Privatsphäre im Alltag, 2. Auflage, München 2005, S. 87-124.

o.V. (2006a): DIE ZEIT, 14.12.2006 Nr. 51, auf den Seiten der Zeit online; http://www.zeit.de/2006/51/Interview-Klinsmann?page=5, Zugriff am 16.11.2008.

o.V. (2006b): Bevölkerung Deutschlands bis 2050- 11. koordinierte Bevölkerungs-vorausberechnung, Statistisches Bundesamt (Hrsg.) Wiesbaden 2006.

o.V. (2007): Demografischer Wandel in Deutschland- Bevölkerungs- und Haushalts-entwicklung im Bund und in den Ländern, Statistisches Bundesamt (Hrsg.), Heft 1, Wiesbaden 2007.

Oechsle, Mechthild/ Mischau, Anina (2005): Editorial; in: Ochsle, Mechthild/ Mischau, Anina (Hrsg.): Arbeitszeit- Familienzeit- Lebenszeit. Verlieren wir die Balance? Zeitschrift für Familienforschung, Sonderheft 5, Wiesbaden 2005, S. 7-12.

Rost, Harald (2004): Work Life Balance- Neue Aufgaben für eine zukunftsorientierte Personalpolitik, Opladen 2004.

Rübenach, Stefan P./ Weinman, Julia (2008): Haushalte und Lebensformen der Bevölkerung- Ergebnisse des Mikrozensus 2006, auf den Seiten des Statistischen Bundesamt; http://www.destatis.de/jetspeed/portal/cms/Sites/destatis/Internet/DE/Content/P ublikationen/Querschnittsveroeffentlichungen/WirtschaftStatistik/Mikrozensus/ HaushalteLebensformen,property=file.pdf, Zugriff am 23.11.2008.

Seifert, Hartmut (2005): Arbeitszeitpolitische Modellwechsel: Von der Normalarbeitszeit zu kontrollierter Flexibilität; in: Seifert, Hartmut (Hrsg.): Flexible Zeiten in der Arbeitswelt, Frankfurt/ Main 2005, S. 40-66.

Voß, Günter G./ Pongratz, Hans J. (1998): Der Arbeitskraftunternehmer- Eine neue Grundform der Ware Arbeitskraft?, in: Kölner Zeitschrift für Soziologie und Sozialpsychologie, Jg. 50, Heft 1, Köln 1998, S. 131-158.

Wiese, Bettina S. (2007): Work-Life-Balance, in: Moser, Klaus (Hrsg.): Wirtschaftspsychologie, Heidelberg 2007, S. 246-263.